LES 5 DÉPUTÉS DE L'OPPOSITION

MM. ALFRED DARIMON, JULES FAVRE, ÉMILE OLLIVIER,
ERNEST PICARD, HÉNON,

A LEURS ÉLECTEURS DE PARIS ET DE LYON

COMPTE RENDU DE LEURS TRAVAUX

PRIX : 50 CENTIMES

PARIS
CHEZ TOUS LES LIBRAIRES
1863

AUX ÉLECTEURS

DES

3ᵉᵐᵉ, 4ᵉᵐᵉ, 5ᵉᵐᵉ, 7ᵉᵐᵉ CIRCONSCRIPTIONS DE LA SEINE

ET DE LA 1ʳᵉ CIRCONSCRIPTION DU RHONE

CIRCULAIRE

DES

5

DÉPUTÉS DE L'OPPOSITION

MM. ÉMILE OLLIVIER, ERNEST PICARD, JULES FAVRE, ALFRED DARIMON, HÉNON.

(COMPTE RENDU DE LEURS TRAVAUX)

Electeurs !

Au moment de comparaître devant vous après six années de législature, nous vous devons un compte rendu de nos actes et de nos discours. Nous désirons que vous lisiez avec intérêt la rapide énumération de nos travaux : nous vous prions de la lire avec indulgence. Vous aurez sans doute à relever des erreurs et à regretter des omissions ; mais vous n'oublierez pas notre petit nombre. Notre tâche était immense, et, quelque grand qu'ait été notre zèle, nos forces n'ont pu toujours l'égaler.

I. — SESSION DE 1858.

La première parole que nous avons fait entendre dans l'enceinte législative a été une protestation en faveur du principe sacré de la liberté individuelle. Après l'abominable attentat d'Orsini, le gouvernement proposa une loi qui créait des pénalités nouvelles pour des faits vagues et mal définis, et qui soumettait toute une catégorie de citoyens à la transportation soit en Algérie, soit à Cayenne. C'est ce qu'on a appelé la loi de sûreté générale. Nous l'avons combattue dans son principe et dans ses détails, nous avons eu l'insigne honneur de formuler les premiers toutes les critiques qu'on a depuis dirigées contre cette loi d'exception.

Nous avons eu également à nous prononcer, dans le cours de cette session, sur une loi d'un autre caractère : il s'agissait de punir l'usurpation des titres de noblesse. Il nous a semblé que cette loi avait bien moins pour objet de frapper de peines sévères une certaine espèce de délits que de restaurer et de protéger une institution de privilége que la Révolution française a détruite pour y substituer l'égalité. Nous avons protesté contre cette tentative par nos paroles et par nos votes.

Nous avons tenu à prouver, dès le début de nos travaux, que nous n'étions pas députés seulement pour remplir un rôle politique, mais encore pour faire les affaires du pays. Aussi avons-nous pris part aux discussions d'intérêt général. Nous citerons, entreautres, la loi portant modification de divers articles du Code de procédure civile, la loi relative au Code de justice militaire pour l'armée de mer, et la loi concernant le règlement définitif du budget de l'année 1855.

Nous n'avons point négligé le travail des bureaux. Mais ce n'est qu'avec de grandes difficultés que nous avons pénétré dans le sein des commissions. La défiance de la majorité nous a constamment écartés de la commission du budget, bien que l'usage, comme la justice, veuille que la minorité y soit représentée. L'un de nous a pourtant contribué, en qualité de commissaire, à l'élaboration des lois relatives aux warrants, aux magasins généraux et aux ventes publiques de marchandises en gros. On sait que l'origine de ces lois est dans le décret du gouvernement provisoire de la République, qui a institué des magasins généraux.

La règle que nous avons toujours suivie dans les discussions sur les finances, ç'a été de protester contre l'augmentation croissante des dépenses publiques, et de dégager la situation vraie des nuages d'optimisme dont l'enveloppent trop souvent les exposés du conseil d'Etat et les rapports des commissions budgétaires. Nous avons eu une première occasion de faire l'application de cette règle dans la discussion du budget de 1859. Le trait signalétique de ce budget, c'était le rétablissement de l'amortissement jusqu'à concurrence de 40 millions. Nous avons montré que l'équilibre du budget étant obtenu par des moyens factices, il était impossible que l'amortissement pût fonctionner, et que le projet du gouvernement était — pour ne pas dire plus — une illusion financière. Les événements nous ont donné raison. Dès l'année suivante, l'action de l'amortissement a été de nouveau suspendue, et depuis ce temps ses ressources et ses réserves n'ont cessé d'être appliquées aux dépenses ordinaires et extraordinaires de l'Etat.

II. — SESSION DE 1859.

Le caractère de cette session a été essentiellement politique. Le Corps législatif a été appelé à se prononcer sur le mérite et l'opportunité de la guerre d'Italie, à propos de la demande d'un contingent extraordinaire de 140,000 hommes et d'un emprunt de 500 millions. Nous avons pris une part active au débat, et nous nous sommes efforcés de l'élever à la hauteur de la grande cause et des graves intérêts qui étaient en jeu. Mais à cause de certaines équivoques qu'on a cherché à soulever à différentes reprises, nous tenons à bien préciser le sens de nos paroles et la portée de notre attitude.

Les efforts faits par le Piémont pour rendre à l'Italie son indépendance et pour la débarrasser du joug de l'Autriche excitaient notre admiration et notre sympathie. Nous étions heureux de voir la France tirer l'épée pour une cause juste, et nous étions disposés à consentir tous les sacrifices nécessaires pour le succès de nos armes; mais il ne nous semblait pas que le gouvernement impérial se rendît bien compte de l'entreprise dans laquelle il allait entraîner le pays :

« Que vous proposez-vous ? avons-nous demandé au gouvernement. Sans doute, une intervention en Italie peut amener son affranchissement, mais l'intervention pourrait aussi n'aboutir *qu'à un traité de Campo-Formio ou à une nouvelle expédition de Rome.* Entre laquelle de ces deux hypothèses optez-vous ? Dans l'incertitude où vous nous laissez, quand nous envisageons notre situation à l'intérieur, nous craignons que l'expédition qui commence n'ait pour but que de gagner un peu de cette gloire avec laquelle les peuples ont la faiblesse de se consoler de leur liberté perdue, et qu'au lieu de servir l'Italie, vous veuillez vous servir d'elle. Nous ne pouvons pas voter contre : ce serait, en apparence du moins, abandonner l'Italie et ces braves volontaires que de toutes parts elle jette en Piémont, ce serait nous ranger du côté de l'Autriche. Mais nous ne pouvons voter pour, tant qu'on ne nous aura pas donné d'explications. Jusque-là, du cœur nous voterons pour l'Italie, mais notre main retiendra son vote. »

On ne répondit rien à nos interpellations. Le gouvernement garda le silence. Jusqu'à la proclamation de Milan, le but de la guerre ne fut pas nettement déterminé. Nous n'avons donc point refusé les hommes et les fonds pour l'expédition d'Italie; nous nous sommes renfermés dans une abstention sympathique, ne pouvant pas oublier que nous avions été nommés pour donner des votes de contrôle et non des votes de confiance.

Du reste, les événements ne tardèrent pas à réaliser nos prévisions. Villa-Franca recommença Campo-Formio, et nous avons pu redouter un instant une nouvelle expédition de Rome.

On a eu la sagesse de s'arrêter et d'opposer aux sollicitations cléricales le principe de non-intervention. Dès ce moment, tout en attaquant la permanence de notre occupation à Rome, nous avons défendu le gouvernement par nos paroles et par nos votes, chaque fois qu'on lui a reproché l'appui qu'il donnait à la cause italienne.

Nous avons été avec lui contre les 91.

Dès le début de nos travaux, nous avions protesté contre l'intervention oppressive du pouvoir dans les élections. Nous avons saisi toutes les occasions de réclamer la liberté électorale et de combattre la pression administrative. C'est ce que nous avons fait, notamment dans le courant de cette session, à propos de l'élection de M. Charlemagne dans l'Indre, et de M. Migeon dans le Haut-Rhin.

Nous avons pris la part la plus large à la discussion relative aux conventions passées entre l'Etat et les grandes compagnies de chemins de fer. C'était, après le budget, la loi financière la plus importante de la session. Il s'agissait d'étendre le monopole des Compagnies de chemins de fer, d'entrer plus avant dans la voie des grands commandements industriels, et en même temps d'engager la garantie de l'Etat jusqu'à concurrence d'une somme de 3 milliards. Nous avons combattu ces conventions comme mettant en oubli les règles protectrices des contrats, comme affranchissant de toute responsabilité des intérêts privés, et comme renversant toutes les notions reçues en matière de crédit public.

Nous avons combattu également la loi relative à l'extension des limites de Paris, moins en principe qu'au point de vue de l'opportunité. On nous disait que, dans les petites communes, les taxes tendaient à s'élever, et que bientôt elles atteindraient le niveau des taxes de Paris. Eh bien ! disions-nous, attendez un certain temps, que l'égalité des charges entre la banlieue et Paris se soit établie ; ou mieux encore, qu'une diminution d'impôts ait abaissé les charges de Paris jusqu'au niveau de celles de la banlieue : alors ce qui va se faire avec difficulté et protestation se fera aisément.

Nous avons profité de la circonstance qui nous était offerte pour réclamer, en faveur de la ville de Paris, des conseillers municipaux élus. C'était la première fois qu'un pareil vœu était formulé dans l'enceinte législative, et nous espérons que les électeurs de Paris nous sauront gré de cette initiative.

III. — SESSION DE 1860.

Notre préoccupation, dans le courant de cette troisième session, a été d'élargir la sphère des débats et de donner à la politique générale une place plus large dans les discussions législatives. A la vérité, les événements facilitaient notre tâche : la guerre d'Italie, en divisant le parti conservateur, avait imprimé un certain élan à l'opinion publique ; le traité de commerce conclu avec l'Angleterre mettait en éveil tous les intérêts ; le budget des recettes recevait des modifications profondes ; l'amnistie du 15 août 1859 rendait les esprits plus impatients de voir s'achever « le couronnement de l'édifice. »

Nous avons abordé la question d'Italie à propos de la loi du contingent militaire. Nous avons blâmé le traité de Villafranca comme laissant inachevée l'œuvre de l'indépendance italienne, et nous avons exprimé l'espoir, depuis déçu, de voir la France reprendre la tâche glorieuse commencée à Magenta et à Solferino. Nous avons néanmoins approuvé l'annexion de la Savoie et du comté de Nice, parce qu'elle était une rectification naturelle de nos frontières du côté des Alpes, et que nous la considérions comme une promesse d'alliance indissoluble entre la France et la nationalité italienne.

Nous avons défendu les traités de commerce contre les attaques des protectionnistes. Sans doute, il nous paraissait humiliant que les représentants du pays n'eussent pas été appelés à en délibérer les bases ; nous avons fait à cet égard les réserves les plus formelles, mais le régime des prohibitions était à nos yeux un système suranné, aussi contraire aux intérêts du consommateur français que mortel pour le progrès de notre industrie. Aussi avons-nous voté toutes les lois qu'on pouvait considérer comme les annexes de la réforme douanière : la loi concernant les tarifs des laines, des cotons et autres matières premières ; la loi relative aux tarifs des sucres, du café, du cacao et du thé ; la loi tendant à affecter à de grands travaux publics les fonds restant libres sur l'emprunt de la guerre d'Italie, etc.

Le complément du traité de commerce nous semblait être l'amélioration et l'extension de la navigation intérieure. Nous avons demandé qu'on complétât et qu'on développât nos voies navigables. Le gouvernement ayant proposé le rachat de huit canaux, nous avons formulé le vœu que des études fussent faites pour mettre les canaux et rivières sur le même pied que les routes de terre, et pour les livrer gratuitement à l'usage du commerce, de l'agriculture et de l'industrie.

Nous avons transformé la discussion générale du budget en un examen de la situation politique et financière du pays. Le droit d'interpellation n'existant point, nous avons pensé que c'était l'unique moyen d'obtenir du gouvernement des explications sur les faits de la politique intérieure. C'est ainsi que nous avons pu successivement nous étendre sur la situation faite à la presse, sur la liberté civile, sur le droit de réunion, sur la liberté électorale, sur la responsabilité des fonctionnaires. Nous avons aussi demandé, par un amendement spécial, le rappel de la loi de sûreté générale : il y avait, selon nous, une contradiction flagrante entre l'amnistie du 15 août 1859 et le maintien de cette loi d'exception. Notre amendement a été repoussé par la commission du budget.

À propos de la loi du contingent, nous avons demandé que l'appel fût ramené au chiffre traditionnel de 80,000 hommes, et nous nous sommes élevés contre le taux croissant de la prime d'exonération.

Une loi concernant la fabrication et le commerce des armes de guerre nous a paru, dans certains de ses articles, avoir un caractère politique et présenter une aggravation de la loi de 1834 sur la détention des armes de guerre. Nous avons combattu ces dispositions et nous les avons repoussées.

Une loi concernant un emprunt de 8 millions pour la ville de Lyon nous a fourni l'occasion de réclamer en faveur de cette seconde capitale de la France les libertés municipales dont elle est privée, aussi bien que Paris.

Nous avons renouvelé nos réclamations en faveur des libertés municipales de Paris, à propos d'un projet de loi relatif à un emprunt de 240 millions. Nous avons, à propos de cet emprunt, fait entendre des plaintes très vives sur l'état d'abandon dans lequel on laissait les communes annexées, après avoir aggravé leurs charges et avoir soumis leurs populations au tarif écrasant de l'octroi.

Nous sommes intervenus dans la discussion de plusieurs lois d'affaires, notamment dans les discussions relatives à la libre sortie des bois et écorces à tan, à la substitution du Crédit foncier au Comptoir d'escompte pour toutes les opérations de ce Comptoir avec le Sous-Comptoir des entrepreneurs, à la composition de plusieurs cours et tribunaux de l'Empire, et à la prolongation des brevets du sieur Sax.

Nous avons combattu avec énergie un projet de loi ayant pour objet d'étendre au chemin de fer de Graissessac à Béziers le bénéfice de la garantie accordée par l'Etat aux autres chemins de fer. Nous ne pouvions admettre que l'argent des contribuables fût employé à couvrir les mécomptes de la spéculation privée. Cette fois, le Corps législatif se montra de notre avis. Le projet primitif fut retiré, un autre lui fut substitué; mais pour mieux marquer son opposition, le Corps législatif nomma un des nôtres membre de la commission. Le gouvernement, devant cette manifestation, retira une seconde fois son projet.

Nous pensions que le traité de commerce entraînait comme conséquence le rappel des lois contre les coalitions. Nous l'avons proposé; mais on nous a fait remarquer que nous n'avions pas le droit d'initiative, et nous avons dû, jusqu'à nouvel ordre, garder un silence forcé sur une réforme si juste et si utile pour nos populations laborieuses.

Nous avons continué à protester contre l'abus des influences administratives en matière d'élection, à propos de l'élection de M. de Laferrière dans l'Orne et de celle de M. de Dalmas dans l'Ille-et-Vilaine.

En toutes circonstances, nous avons montré combien le règlement du Corps législatif gênait l'initiative de ses membres. Eclairé par nos interpellations directes, le gouvernement a compris qu'il ne gagnait rien à restreindre les débats législatifs dans les limites les plus étroites. Nous ne croyons être démentis par personne en disant que, par nos discours, notre activité et notre attitude, nous avons contribué, dans une large mesure, à provoquer la réforme du 24 novembre 1860, qui a rendu aux Chambres quelques-unes de leurs anciennes prérogatives et marqué un pas vers la liberté.

IV. — SESSION DE 1861.

La réforme du 24 novembre, en donnant à la Chambre le droit de voter une adresse et d'interpeller le gouvernement sur la politique intérieure et extérieure, nous imposait de nouveaux devoirs. Nous devions, dans l'usage de la faculté qui nous était rendue, montrer nettement ce qui nous apparaissait comme étant formellement dans les vœux et dans les aspirations du pays. Nous avons cherché, dans des amendements au projet d'adresse, à résumer, en termes précis, ce que réclamait l'opinion publique.

Voici les amendements que nous avons déposés et développés :

« 1. Pour que le droit de contrôle restitué aux représentants du pays dans les limites restreintes du dernier décret puisse porter des fruits, il est nécessaire d'abroger la loi de sûreté générale et toutes les autres lois d'exception ; de dégager la presse du régime de l'arbitraire, de rendre la vie au pouvoir municipal, et au suffrage universel sa force pour la sincérité des opérations et le respect de la loi.

» 2. Nous regrettons que, malgré des vœux unanimes fréquemment renouvelés, le vote du budget par ministère ait été conservé. Le vote du budget par chapitres et par articles est le seul moyen d'arriver à un contrôle sérieux des finances de l'Etat.

» 3. Les villes de Paris et de Lyon assistent avec inquiétude aux entreprises immodérées d'administrations municipales dépourvues de frein et de contrôle. — Jamais elles n'ont plus vivement regretté l'absence de conseils municipaux élus et l'oubli de ce principe élémentaire de notre droit public, qui assure aux contribuables le droit de nommer ceux qui votent l'impôt et qui en disposent.

» 4. Nous avons vu avec peine l'Algérie replacée sous le régime militaire, et privée, ainsi que nos colonies, d'institutions représentatives et du droit d'envoyer des députés au Corps législatif.

» 5. L'heure est venue d'appliquer à Rome le principe du système de non-intervention, et de laisser, par la retraite immédiate de nos troupes, l'Italie maîtresse de ses destinées. »

Deux lois relatives aux journaux ont été soumises au Corps législatif pendant cette session. L'une avait pour objet d'exempter du timbre et des droits de poste les suppléments de journaux, lorsque ces suppléments sont consacrés à la publication des débats législatifs. Nous avons considéré cette réforme comme insuffisante, et nous avons demandé que les droits de timbre et de poste sur les journaux fussent réduits de moitié. Notre amendement a été repoussé.

La seconde loi modifiait le décret-loi du 17 février 1852, en ce qui concerne les avertissements. Nous avons déposé et développé une série d'amendements ainsi conçus :

« Art. 1er. Tout Français majeur, et jouissant de ses droits civils et politiques, a le droit de publier un journal en le signant, sauf la responsabilité légale, après la publication, par jugement des jurés, quand même il n'y aurait lieu qu'à l'application d'une peine correctionnelle.

» Art. 2. Nul ne sera admis à prouver la vérité des faits diffamatoires, si ce n'est dans le cas d'imputation contre les dépositaires ou agents de l'autorité, contre toute personne ayant agi dans un caractère public, ou contre tous gérants de sociétés anonymes ou en commandite par actions, de faits relatifs à leurs fonctions. Dans ce cas, les faits pourront être prouvés par-devant la cour d'assises, par toutes les voies ordinaires, sauf la preuve contraire par les mêmes voies. La preuve des faits imputés met l'auteur de l'imputation à l'abri de toute peine, sans préjudice des peines prononcées contre toute injure qui ne serait pas nécessairement dépendante des mêmes faits.

» Art. 3. Dans aucun cas, un imprimeur ne pourra être privé administrativement de son brevet. Celui qui aura borné son assistance au fait matériel de l'impression ne pourra jamais être poursuivi comme complice d'un délit de presse.

» Art. 4. Sont abrogés l'art. 12 de la loi du 21 octobre 1817, les art. 1, 2, 5, 20, 25, 26, 28, 32 du décret-loi du 11 février 1852, et généralement toutes les dispositions des lois antérieures contraires à la présente loi. »

Nous n'avons pas besoin de dire que ces amendements ont été rejetés par le Corps législatif.

Nous avons continué, à propos de plusieurs vérifications de pouvoirs, à réclamer la liberté électorale. Les *électeurs du lundi*, suivant l'expression d'un ministre, se souviendront des efforts constants que nous avons faits pour que le suffrage universel fût laissé à toute sa vitalité et à toute son indépendance.

Nous avons demandé de nouveau que le contingent militaire fût ramené au chiffre de 80,000 hommes, et nous nous sommes plaints qu'on fît de la caisse d'exonération de l'armée un moyen d'emprunt permanent.

Nous avons voté la suppression de l'échelle mobile, comme étant un pas de plus fait dans la voie de la liberté commerciale.

On a proposé des modifications à l'organisation de la caisse des retraites pour la vieillesse et à la loi sur les pensions de l'armée de terre. Nous avons demandé que la caisse des retraites fût établie sur des bases moins surannées que les anciennes tables de mortalité *par têtes choisies*, et que la révision des pensions militaires embrassât les pensions liquidées antérieurement à la loi. Bien que de nombreuses pétitions au Sénat aient démontré le bien-fondé de nos réclamations, nous avons eu la douleur de les voir combattues et repoussées par les organes du gouvernement.

Nous avons combattu les dépenses exagérées dans lesquelles se laissent entraîner les départements et les communes, à propos d'un emprunt de 9 millions par la ville de Lyon, et d'une dépense de 1 million pour l'hôtel de la préfecture de Versailles.

La discussion de l'Adresse nous dispensait de revenir sur les questions de politique intérieure et extérieure à propos du budget. Nous nous sommes contentés, dans la discussion générale, de rappeler le gouvernement aux règles financières adoptées pour établir les bases des budgets des recettes et dépenses; nous nous sommes élevés en même temps, comme nous l'avions du reste fait précédemment, contre l'usage des crédits extra-budgétaires, et nous avons cherché à démontrer que, si on ne s'arrêtait pas sur la pente des dépenses exagérées, on se trouverait infailliblement en présence d'une situation grave et difficile.

Dans le cours de cette discussion, la Révolution ayant été attaquée par un membre de la droite comme étant l'origine du despotisme, nous avons protesté énergiquement contre cette allégation erronée, et nous avons montré, par les faits de l'histoire contemporaine, que toute liberté avait son origine dans la Révolution.

Nous avons formulé des observations sur la loi relative aux chiffons, sur la navigation intérieure, sur les chaires vacantes à la Sorbonne et à l'École de droit, sur le compte rendu sommaire des séances envoyé aux journaux, et sur l'état d'inaction dans lequel on laisse habituellement la Chambre entre la discussion de l'Adresse et celle du budget.

De même que nous avons notre part à réclamer dans la pensée qui a dicté le décret du 24 novembre 1860, de même on ne peut pas dire que nous soyons complétement étrangers aux réformes inaugurées par M. Fould. Nos observations sur le mode de votation du budget, sur la situation des finances, sur la nécessité de supprimer les crédits extra-budgétaires, trouvent leur justification et leur confirmation dans les savants mémoires que cet homme d'État a adressés à l'Empereur, et qui ont servi de point de départ au sénatus-consulte du 31 décembre 1861.

V. — SESSION DE 1862.

Bien longtemps avant l'ouverture de la session, on annonçait que le nouveau ministre préparait un projet de conversion des rentes et d'unification de la dette. Ce projet fut, en effet, déposé sur le bureau du Corps législatif le lendemain de la séance impériale. Nous avons obtenu, par notre insistance, qu'il ne fût pas voté d'urgence et qu'il fût examiné avec maturité.

Nous avons repoussé le projet de conversion. Sans doute, nous reconnaissions qu'il était indispensable de diminuer, dans le plus bref délai, le chiffre de nos découverts, et que l'unification de la dette était une mesure bonne et désirable en soi ; mais les moyens employés pour obtenir ce double résultat ne nous paraissaient pas dignes du ministre qui avait proclamé la nécessité d'une réforme financière. Ainsi que nous l'avons dit dans la discussion, la combinaison adoptée nous semblait frappée d'immoralité ; elle reposait sur des bases factices ; elle n'offrait aucun avantage sérieux aux rentiers, et elle était désastreuse pour le Trésor public, puisqu'elle se résolvait en une augmentation du capital de la dette.

Par les mêmes motifs, nous avons dû rejeter le projet de loi relatif aux emprunts à faire par les communes, les hospices et autres établissements publics, ce projet ayant pour objet de fournir à ces différents êtres moraux les moyens de payer la soulte exigée par la loi de conversion. Nous avons profité de cette discussion pour appeler l'attention du gouvernement sur les nombreuses réformes nécessaires dans nos établissements de charité, et pour réclamer le respect du principe de l'admission gratuite dans les hôpitaux.

Nous avons partagé avec toute la Chambre le sentiment qui lui a fait repousser la dotation Palikao, et nous nous sommes réjouis de voir ce projet retiré par le gouvernement, à la suite d'un remarquable rapport dont le pays a conservé le souvenir.

Dans la rédaction de nos amendements à l'Adresse, nous avons continué à nous faire les échos des préoccupations de l'opinion libérale. En voici le texte :

« § 1. La confiance publique ne peut renaître que par un retour sérieux au régime de la liberté.

» La presse doit cesser d'être un monopole soumis à une censure occulte qui altère les manifestations de l'opinion publique.

» Le jury, seule juridiction compétente en matière politique, doit connaître des délits de presse et les juger publiquement.

» Des élections faites par les électeurs et non par les préfets, avec le droit de réunion et avec des chances égales de publicité et de protection pour la liberté de tous ;

» Le pouvoir municipal, émanant de la commune et non du gouvernement, de telle sorte que l'intérêt public ne soit pas subordonné aux exigences de la politique ;

» La liberté individuelle garantie par un ensemble de mesures dont la première doit être l'abrogation de la loi de sûreté générale.

» Telles sont les principales conditions d'un système politique qui s'autorise des principes de 1789.

» Telle est la réforme qu'exigent impérieusement l'intérêt moral du pays, sa dignité, le développement de son activité et de sa richesse, et qui ne peut être ajourné sans que la France soit placée dans un état d'infériorité vis-à-vis des autres nations.

» § 4. Après avoir épuisé auprès du pape les moyens de persuasion, le gouvernement doit enfin sortir d'une équivoque mortelle à tous les intérêts, déclarer franchement sa politique, et ne plus mettre obstacle au vœu légitime des populations italiennes. L'occupation de Rome, si onéreuse pour nos finances, ne peut plus continuer.

» § 5. La France ne doit pas intervenir dans la guerre civile qui désole la République des États-Unis d'Amérique ; mais elle déclare hautement que ses sympathies sont acquises aux États du Nord, défenseurs du droit et de l'humanité. Elle espère que leur victoire amènera l'abolition de l'esclavage, et qu'ainsi, une fois de plus, il sera prouvé que les crises les plus graves ne sauraient être funestes aux peuples qui ne séparent pas la démocratie de la liberté.

» § 6. Nous voyons avec regret commencer l'expédition du Mexique. Son but paraît être d'intervenir dans les affaires intérieures d'un peuple. Nous engageons le gouvernement à ne poursuivre que la réparation de nos griefs.

» § 7, 8 et 9. Le public s'est ému a juste titre du chiffre de la dette flottante et des révélations qui lui ont été faites sur la vraie situation de nos finances. Les découverts ont eu pour cause l'impossibilité dans laquelle se trouvait le Corps législatif d'arrêter les dépenses extraordinaires et supplémentaires. Une modification du mécanisme financier sera un remède insuffisant, si l'on n'entre pas en même temps dans la voie de la réduction progressive et permanente des dépenses publiques. Il est à regretter que le gouvernement préfère établir de nouveaux impôts dont le poids sera supporté principalement per les populations laborieuses.

» § 10. Paris et Lyon attendent toujours un conseil élu. On ne peut se refuser à reconnaître aujourd'hui que la hausse des loyers, la gêne de tant de familles et les plus grandes difficultés des crises commerciales, industrielles et monétaires ont pour principale cause l'imprévoyance et la témérité d'une administration que l'élection n'a pas consacrée. »

Nous avons persisté dans notre demande de réduction du contingent militaire au chiffre de 80,000 hommes.

On nous a présenté une loi sur les sociétés à responsabilité limitée. Elle a été accueillie par nous comme destinée à raviver les sociétés commerciales, que la loi de 1856 a entourées de trop d'entraves. Les bureaux ont nommé l'un de nous membre de la commission.

Nous avons combattu une loi relative à la mise en association des charges d'agent de change. Cette mise en société d'un office public nous a paru offrir des dangers. Nous aurions préféré que le gouvernement se prononçât pour la liberté du marché des effets publics, qui est réclamée depuis longtemps.

Contrairement à ce que nous avions fait précédemment, nous avons déposé une série d'amendements à la loi de finances. A nos yeux, le budget de 1863 empruntait à la réforme de M. Fould une importance capitale. Dans la discussion générale, nous nous sommes attachés à faire ressortir un fait qui avait frappé tout le monde : c'est que M. Fould, bien loin de réduire les dépenses publiques, les avait accrues, au point que le budget dépassait deux milliards, et que, pour y faire face, il avait dû rétablir en partie des impôts supprimés et en proposer de nouveaux. Le système financier de M. Fould était ainsi en contradiction avec la politique commerciale inaugurée l'année précédente par le gouvernement, et les effets du traité de commerce se trouvaient compromis. Nous avons combattu fortement l'établissement des impôts nouveaux, et nous avons réclamé de larges économies.

Nous citons ici nos amendements ; ils n'épuisent pas sans doute tout ce qu'il y avait à dire sur le budget ; mais ils résument quelques vœux des meilleurs esprits en matière de finances.

« 1. Une enquête parlementaire sera faite d'ici à la prochaine session sur la situation de chaque administration, le nombre des employés, et sur les moyens d'améliorer les services publics, soit en les décentralisant, soit en réduisant leurs frais trop considérables.

» Jusqu'à ce que cette enquête soit terminée, il ne sera créé aucun emploi nouveau, ni procédé à aucune nomination dans les emplois existants qui deviendraient vacants par décès, retrait ou démission.

» 2. Le cumul est interdit.

» Nul ne peut cumuler en entier les traitements de plusieurs places, emplois ou commissions, dans quelque poste que ce soit, si ces traitements cumulés dépassent 30,000 fr. »

Deux autres amendements avaient un caractère plus particulièrement politique :

« 3. Le budget de la ville de Paris sera contrôlé, discuté et voté par le Corps législatif dans la même forme que le budget de l'Etat, tant que le conseil municipal sera nommé par le pouvoir exécutif en vertu de l'art. 114 de la loi du 5 mai 1855.

» 4. *Ministère de l'intérieur. — Chapitre XIII, Dépenses secrètes de sûreté publique.*

» Réduire le crédit à 600,000 fr., au lieu de 2 millions inscrits au projet de budget.

» Il nous est impossible de souscrire au crédit demandé tant que le gouvernement continuera à maintenir :

» Le décret du 8 décembre 1855 concernant les individus placés sous la surveillance de la haute police et les individus reconnus coupables d'avoir fait partie d'une société secrète ;

» 2° La loi du 26 juin 1852 relative aux interdictions de séjour dans le département de la Seine et dans les communes de l'agglomération lyonnaise ;

» 3° Les art. 5, 6, 7, 8, 9 et 10 de la loi du 27 février 1858, concernant des mesures de sûreté générale. »

Dans la discussion relative au budget du ministère de l'intérieur, nous avons demandé des explications sur un fait qui, malgré une longue polémique et de nombreuses discussions dans la presse et au Sénat, resta encore obscur pour beaucoup de gens.

Les tableaux de recensement démontraient, en effet, que la population de Paris avait augmenté, depuis 1852, de 352,000 habitants, et que cependant il y avait 12,000 électeurs de moins ; de telle sorte qu'au lieu d'avoir quatre députés de plus qu'en 1857, le département de la Seine en a, en 1863, un de moins.

C'est aux électeurs de la Seine à décider si les explications du gouvernement ont été claires et satisfaisantes.

Nous avons fait entendre dans le cours de la discussion du budget un certain nombre d'observations de détail : sur les annuités de canaux, sur le Muséum et l'administration de la Faculté de médecine, sur le traitement des professeurs des collèges communaux, sur l'impôt des chevaux et des voitures, sur les écoles vétérinaires, sur la caisse des travaux de Paris.

Nous avons couronné cette session laborieuse par de nouvelles interpellations sur le Mexique, à propos du budget rectificatif de 1862.

VI. — SESSION DE 1863.

Arrivés au terme de la législature et à la veille de déposer notre mandat, nous avons pensé qu'il importait pour l'avenir de la liberté, d'affirmer encore plus énergiquement les principes que nous avions défendus dans les précédentes sessions. C'est ce que nous avons fait dans une série d'amendements dont nous mettons le texte sous les yeux de nos électeurs.

§ 2. — POLITIQUE GÉNÉRALE.

« Le droit d'élire implique le droit de connaître, de discuter, de juger, et, par conséquent, la LIBERTÉ.

» Depuis le décret du 24 novembre, le mot de liberté est sans cesse prononcé dans les discours officiels ; mais, en réalité, les pratiques du gouvernement n'ont pas changé : il continue à interdire toute initiative individuelle, toute discussion libre, toute vie municipale indépendante. Il prodigue aux journaux des avertissements , même lorsque le principe du gouvernement n'est pas attaqué, et il ne cesse d'exercer sur eux une pression clandestine.

» La dignité de la nation exige que cette contradiction entre la parole et l'acte ait un terme. Qu'on ne nous empêche plus de jouir de la liberté, ou qu'on cesse de nous en vanter les bienfaits et de nous imposer l'humiliation de nous entendre déclarer, seuls, indignes de posséder un bien que, depuis notre grande Révolution, nous avons si souvent assuré aux autres.

§ 3. — MEXIQUE.

» Nous admirons l'héroïsme de nos soldats combattant au Mexique sous un climat meurtrier, et nous leur envoyons nos vœux les plus sympathiques ; mais le soin de l'honneur national ne dispense pas une assemblée politique de juger une entreprise dont elle peut aujourd'hui connaître les causes et prévoir les suites.

» Les forces de la France ne doivent pas être témérairement engagées dans des expéditions mal définies, aventureuses, et ni nos principes ni nos intérêts ne nous conseillaient d'aller voir quel gouvernement désire le peuple mexicain.

§ 6. — ROME ET ITALIE.

» Rome n'appartient pas plus aux catholiques qu'aux Italiens, elle appartient aux Romains. Notre occupation ne doit pas continuer : c'est le cas d'appliquer le principe de non-intervention, qui n'est autre chose que le respect de la souveraineté nationale, seule base légitime des gouvernements.

» Les négociations poursuivies à Rome ne sont pas sérieuses et ne peuvent aboutir, puisque le pape déclare solennellement que sa conscience lui interdit toute concession, tant qu'on ne lui aura pas rendu des provinces dont le gouvernement français a toujours refusé de demander la restitution.

» Il est hors de doute que l'indépendance du Saint-Siège doit être assurée ; mais, en cette matière comme en toute autre, la LIBERTÉ est la seule solution à la fois digne et pratique. La religion catholique ne doit pas redouter un régime sous lequel l'Eglise, séparée de l'Etat, obtiendrait, au même titre que toute autre croyance, à la place des concordats et des servitudes déguisées, la liberté dans les limites du droit commun.

§ 8. — COALITIONS.

» Les principes nouveaux consacrés par le traité de commerce entraînent, comme juste conséquence, le droit pour les ouvriers et pour les patrons de débattre librement les salaires. Les dispositions du Code péral sur les coalitions doivent être abrogées.

§ 8. — PARIS ET LYON.

» Nous persistons à réclamer l'application aux villes de Paris et de Lyon du principe de droit public en vertu duquel nulle contribution ne peut être établie, ni aucune dépense autorisée, sans le vote des contribuables ou de leurs représentants.

» La plus petite commune ne peut être imposée extraordinairement sans l'avis du conseil municipal élu et l'adjonction des plus forts contribuables, Paris et Lyon, dont les budgets égalent ceux de certains Etats, n'ont d'autre garantie que l'examen d'un conseil municipal nommé par décret. Nous demandons pour ces deux grandes villes un conseil municipal élu et indépendant.

§ 9. — ÉLECTIONS.

» Les populations comprendront enfin qu'il leur importe d'être représentées par des mandataires choisis en dehors de la volonté du gouvernement, qu'ils doivent contenir et contrôler.

» Le droit de déterminer les circonscriptions électorales n'autorise pas à réunir des cantons séparés par la distance, à morceler les arrondissements et les villes pour favoriser l'action administrative, et à modifier les circonscriptions établies, pour soustraire le député à ses juges naturels. Il n'appartient pas davantage aux maires d'élever ou d'abaisser à leur gré le chiffre des électeurs, en étendant les radiations et en limitant les additions de manière à créer à côté du candidat du gouvernement l'électeur du gouvernement.

» Nous demandons, en conséquence, qu'une révision soit faite du décret du 29 décembre 1862, et que, spécialement, au lieu de priver la ville de Paris d'un député, on lui en attribue un nombre en rapport avec l'accroissement de sa population.

§ 9. — PRESSE.

» La sincérité et la liberté des élections seraient impossibles si le ministre de l'intérieur persistait à exiger des gérants et rédacteurs en chef des journaux des traités secrets et des démissions en blanc qui les mettent à la disposition du gouvernement. »

Le Corps législatif a été appelé, dans cette session, à voter un certain nombre de lois importantes. Il n'en est point une seule sur laquelle nous n'ayons présenté soit des observations, soit des amendements, et à la discussion de laquelle nous n'ayons pris une part active. Il est même arrivé qu'à différentes reprises, la Chambre a reconnu le bien-fondé de nos critiques et a modifié la loi dans le sens de nos amendements.

Nous avons eu d'abord à examiner une loi portant modification de 45 articles du Code pénal. Dans l'intérêt de la répression, que certains magistrats considéraient comme insuffisante, le gouvernement proposait de faire juger par les tribunaux correctionnels un certain nombre de faits déférés jusque-là au jury; il demandait en même temps qu'on restreignît dans des limites plus étroites l'application de l'art. 463 concernant les circonstances atténuantes; en dernier lieu, il créait de nouvelles pénalités pour des délits jusque-là mal définis. Toutes ces innovations nous ont paru contraires au progrès, qui veut que les pénalités diminuent au fur et à mesure que les mœurs s'adoucissent. Nous avons proposé une série d'amendements dont quelques-uns ont été adoptés; mais le Corps législatif a rejeté un amendement dans lequel, repoussant le principe de la loi, nous proposions de soumettre au jugement des jurés les délits correctionnels.

Nous avons combattu, après avoir vainement essayé d'y introduire des modifications, le projet de loi sur les flagrants délits en matière correctionnelle. Il ne faut pas seulement que la justice soit prompte, il faut qu'elle soit bonne, et surtout qu'elle sauvegarde, dans la plus large mesure, la liberté individuelle. La *juridiction subite* et sommaire appartient aux époques néfastes de crises et de violences.

Le projet de loi sur les sociétés à responsabilité limitée, présenté l'année précédente, a été discuté dans les derniers jours de la session. Nous aurions voulu qu'on laissât à ces sociétés nouvelles une plus grande liberté d'allure; la loi renferme une foule de dispositions de détail d'une réglementation trop minutieuse. Toutefois, nous avons eu égard à ce qu'elle était attendue depuis longtemps, et à ce que le commerce et l'industrie la réclamaient comme étant indispensable au développement de leurs opérations. Nous l'avons donc votée, après avoir fait nos réserves sur ce qu'elle contenait de trop restrictif. Nous n'avons pas cru qu'on dût retarder le moment où, à côté de l'anonymat *privilégié*, se placerait l'anonymat *libre*.

Nous avons voté également la loi portant modification des articles 27 et 28 du Code de commerce sur les commandites, tout en déplorant qu'on révisât ainsi fragmentairement certaines parties de nos Codes, au lieu de procéder par voie d'ensemble et à la suite d'une enquête approfondie sur les besoins des sociétés modernes.

Nous avons combattu une loi portant modification du titre VI du livre Ier du Code de commerce, sur le gage commercial et les commissionnaires. Il ne nous a pas semblé que cette loi eût été conçue avec une maturité suffisante.

Le Corps législatif a été appelé à voter les indemnités pour les canaux rachetés dans une précédente session. Nous avons, à cette occasion, renouvelé la demande que nous avions déjà faite, de voir, dans un temps rapproché, les voies navigables livrées gratuitement, comme les routes de terre, à l'usage du commerce, de l'industrie et de l'agriculture.

Quelques jours seulement avant la clôture de la session, le Corps législatif a été saisi d'un ensemble de projets de lois ayant pour objet de réviser les conventions passées en 1859 avec les grandes compagnies de chemins de fer. Il s'agissait de porter la garantie de l'État de 3 à 4 milliards, et d'élever à près de 500 millions le chiffre des subventions accordées.

Nous avons combattu et repoussé les conventions de 1863 par les mêmes motifs qui nous avaient fait repousser et combattre les conventions de 1859.

Dans l'intérêt du développement de la richesse publique et privée , nous désirons le rapide achèvement de notre réseau de chemins de fer ; mais nous désirons aussi qu'on ne soumette pas à une révision permanente des contrats passés librement , et qu'on ne substitue pas à la responsabilité personnelle des compagnies la responsabilité collective de l'Etat.

La loi sur les suppléments de crédits de 1862 nous a fourni l'occasion de montrer quel chemin nous restait à parcourir pour arriver à une véritable réforme financière. Ainsi que nous l'avions prévu, le système de M. Fould n'a pu résister aux épreuves de l'expérience. Dès la première année, l'expédition du Mexique l'avait forcé d'avoir recours aux ressources de la dette flottante et d'accroître de 35 millions le chiffre de nos découverts.

Comme les années précédentes, nous avons pris une part active à la discussion générale du budget. Les budgets des différents ministères nous ont suggéré un grand nombre d'observations de détail. Nous avons, notamment, défendu les études classiques, qu'un membre de la majorité avait accusées d'être la source de tous les désordres sociaux.

En rappelant notre vœu d'un conseil municipal élu pour Paris, nous avons réclamé contre les décrets d'expropriation qu'on rend et qu'on n'exécute pas : nous avons démontré que c'était une véritable atteinte aux droits de la propriété et une cause de malaise pour des quartiers considérables. Nous avons demandé instamment l'abandon d'un système qui soulève les réclamations d'un grand nombre d'entre vous.

Nous avons, à plusieurs reprises, exprimé nos sympathies et nos vœux pour l'héroïque Pologne et sollicité le gouvernement de nous indiquer comment il entendait s'associer aux sentiments unanimes de sympathie qu'inspire à tous une cause légitime, intrépidement défendue. Les ministres-orateurs nous ont répondu que les négociations engagées ne leur permettraient pas d'accepter la discussion.

Par une heureuse coïncidence, nous avions débuté dans nos travaux législatifs par une protestation en faveur de la liberté individuelle à propos de la loi de sûreté générale ; les dernières paroles que nous avons fait entendre dans l'enceinte législative ont été légalement une protestation en faveur de la liberté individuelle , à l'occasion de la loi sur les flagrants délits.

Electeurs !

Pendant ces six années, nous avons traversé bien des heures de tristesse. Depuis trois ans, du moins, nous sommes en communication directe avec vous ; mais vous pouvez supposer combien nous avons souffert des amertumes de l'isolement quand nos discours, reproduits en style indirect, n'étaient insérés qu'exceptionnellement dans les journaux autres que le *Moniteur*, et plusieurs jours après que nous les avions prononcés.

Nous avons eu la force d'aller jusqu'au bout, et, permettez-nous de l'ajouter, d'achever notre œuvre.

En 1857, on ne trouvait pas de candidats : ils abondent aujourd'hui.

En 1857, l'abstention comptait de nombreux partisans : en ce moment, elle est presque universellement condamnée.

En 1857, la nation fatiguée semblait ne plus vouloir s'occuper de ses affaires : on ne peut nier que nous assistions à un véritable réveil de l'esprit politique.

A vous, électeurs, de faire le reste !

Ne vous croyez pas obligés de nous renommer à titre de reconnaissance. Vous ne nous devez rien : c'est nous qui vous serons éternellement reconnaissants de nous avoir procuré l'honneur de servir notre pays dans des jours difficiles.

Si vous nous jugez encore dignes de votre confiance : nous serons fiers d'être de nouveau vos élus.

Si vous pensez que d'autres conviendraient mieux aux luttes qui se préparent, préférez-les. Nous vous demandons alors, quand nous serons rentrés dans la vie privée, de ne pas oublier complétement les CINQ députés qui n'ont pas désespéré, quand presque tous les hommes politiques désespéraient et se tenaient à l'écart ; nous vous demandons de garder un souvenir sympathique à ceux qui n'ont pas voulu que l'histoire pût dire un jour qu'à une époque quelconque, la France libérale s'était abandonnée elle-même.

ALFRED DARIMON,
JULES FAVRE,
EMILE OLLIVIER,   } députés sortants
ERNEST PICARD,   (Seine).
HÉNON, député sortant (Rhône).

PARIS. — IMPRIMERIE DE DUBUISSON ET Cᵉ, 5, RUE COQ-HÉRON.